LA PROGRAMACIÓN DIDÁCTICA EN EL TERCER CICLO DE EDUCACIÓN FÍSICA

Rubén Ponte Justo

1

ÍNDICE:

1. JUSTIFICACIÓN.

La presente programación tiene su justificación en el hecho de que cuando cualquier persona se aproxima a una acción futura debe de saber de antemano para que lo hace, de donde parte, que va a hacer, donde lo hará y cómo lo hará. Por lo tanto, y según esta lógica, programar será la preparación previa de las actividades que realizará cualquier persona, lo que incluye el conocimiento previo de la situación, el conocimiento del presente y la proyección futura.

Otra definición más concreta y que recogemos del MEC (1996) la define como "proceso mediante el cual, a partir del currículo oficial, de las decisiones del Proyecto Curricular de Etapa y de las directrices de la Comisión de Coordinación Pedagógica, se planifica el trabajo que se va a desarrollar en el aula, dando lugar a un conjunto de unidades didácticas secuenciadas para un curso o un ciclo determinado".

Tal como veremos más adelante en nuestra labor docente en ningún momento tendrá cabida la improvisación y mucho menos el desorden sino más bien todo lo contrario.

2. LOS PRINCIPIOS DE NUESTRA PROGRAMACIÓN.

Para confirmar la idea expuesta anteriormente veremos a continuación los principios por lo que se debe regir cualquier programación educativa.

- Sistematicidad: Deberá de respetar en todo momento las líneas marcadas en los diferentes documentos del centro tales como el Proyecto Curricular de Centro, el Proyecto Educativo de Centro y por supuesto el Diseño Curricular Base.

- Flexibilidad: La flexibilidad es un componente artístico de la actividad educativa del que no debemos prescindir. Nuestra programación en todo momento estará abierta a cambios que se pudieran dar al finalizar el curso como a los que se pudieran producidas durante el transcurso del mismo.

- Continuidad: Para llegar a conseguir nuestros objetivos deberá existir una línea de continuidad en el tiempo en la que se tendrá en cuenta lo trabajado anteriormente.

- Verticalidad: En los diferentes niveles de concreción siempre habrá una relación entre ellos. Este punto lo veremos mejor reflejado cuando abordemos las Unidades Didácticas.

- Innovación: En el continuo empeño del docente por buscar nuevos caminos y poder conducir a sus alumnos a novedosas experiencias deberá de tener cabida este principio y así podremos añadir contenidos novedosos.

3. PRESENTACIÓN DEL ÁREA DE EDUCACIÓN FÍSICA.

Es importante destacar el rol que tiene nuestra área en la escuela y en la sociedad. Considerada antaño como una asignatura "María" ha ido evolucionando hasta consolidarse definitivamente en nuestro currículo.

La educación tiene que permitir el desenvolvimiento de la personalidad y para entender su contextualización dentro del currículo citaremos lo que en él se nos dice: "Es por sí misma, la educación física, una educación total que pertenece a un contexto más amplio que se viene a llamar educación integral....".

Como veremos más adelante en nuestra programación, la educación física, no solo se va a centrar en contenidos exclusivamente motrices.

La Educación Física contribuye al logro de los diversos fines educativos de la Educación Primaria: socialización, autonomía, aprendizajes instrumentales básicos, así como a la mejora de las posibilidades expresivas, cognitivas, comunicativas, lúdicas y de movimiento.

4. INFORMACIÓN GENERAL DEL CENTRO.

4.1. DATOS DEL CENTRO.

Nos encontramos en un CEIP situado en la zona rural de la costa gallega.

Tiene un fácil acceso para llegar a él ya que se encuentra en el extrarradio del pueblo, por lo que no hay problemas graves de atascos y el tráfico es poco fluido.

Por lo que respeta al número de aulas es un colegio de dos líneas en todos los niveles, por lo que cuenta con doce aulas de Primaria y seis de infantil, aparte de tener un Departamento de Orientación y un especialista de A/L y otro de P.T.

Hay una media de 20 alumnos/as por aula en cuanto a la ratio y en concreto el grupo al que corresponde este trabajo consta de 20 alumnos/as. El alumnado procede de una zona concreta del pueblo ya que se reparte entre los otros dos centros que existen y además cuenta con niños/as procedentes de aldeas o parroquias próximas.

4.2. ENTORNO SOCIOECONÓMICO.

El nivel socioeconómico del centro en cuanto a las familias es medio-bajo. La gran mayoría de los padres terminaron sus estudios primarios y un pequeño porcentaje hicieron estudios medios y superiores.

Al tratarse de un pueblo pequeño un porcentaje alto vive de la pesca y de la conserva que existe en el pueblo. Otro porcentaje vive del ambiente rural.

4.3. RECURSOS MATERIALES.

Nos centraremos en los referentes a nuestra área y lo iremos describiendo de la siguiente manera:

4.3.1. Instalaciones.

Disponemos de un gimnasio amplio, con parquet, una pista polideportiva exterior abierta y un patio de recreo con zonas de asfalto o cementado y zonas de hierba que se aprovechan para realizar diferentes actividades. Así mismo, en el gimnasio se encuentran los vestuarios con duchas para nuestros alumnos/as y uno más pequeño para el profesor. En un fondo hay una puerta donde se encuentra el almacén para el material. Saliendo del gimnasio encontramos una pequeña enfermería que tiene una báscula, una camilla y un botiquín de primeros auxilios.

4.3.2. Material Deportivo.

Lo describiremos para una fácil orientación siguiendo las orientaciones dadas por el MEC en el Diseño Curricular Base del área de Educación Física y será la siguiente:

Material convencional.

Material no convencional.

Material convencional usado de forma no convencional.

a) Material convencional

Lo dividiremos de la siguiente manera:

Pequeño material: Balones de plástico de diferentes tamaños, balones de fútbol, futbito, baloncesto, voleibol, balonmano, rugby, aros de diferente diámetro, picas de madera y de plástico, cuerdas, dados de plástico, juegos de petaca, diábolos, raquetas de playa con sus correspondientes pelotas...

Material mediano: Colchonetas, bancos suecos, un plicton, un potro....

Gran material: Postes de voleibol regulables en altura, canastas de baloncesto, minibasquet, porterías, todo un lateral del gimnasio con espalderas...

b) Material no convencional.

Este tipo de material, como ya sabemos, se refiere a todo aquel que no ha sido utilizado tradicionalmente en la Educación Física. Como vamos a ver puede tener diferentes procedencias, aquí simplemente lo vamos a mencionar aunque en las respectivas Unidades Didácticas lo veremos más específicamente.

Material tomado de la vida cotidiana:
Toallas, bolsas, telas, pañuelos, sacos...

Material de desecho:
Neumáticos, botellas de plástico, cartones, periódicos, envases de detergente, de yoghourts...

<u>Material comercializado:</u>

Más conocido como material alternativo como vemos en su U.D.: palos de diablo, indiakas, paracaídas, sticks....

c) Material Convencional usado de forma no convencional.

Se trata de utilizar el material que se ha considerado tradicional de una forma alternativa. Dicho uso lo iremos viendo a lo largo del desarrollo de las Unidades Didácticas.

4.3.3. Equipamiento de los alumnos.

Para una práctica adecuada y saludable de nuestra área exigiremos que vengan a nuestra clase con calzado deportivo y chándal. Así mismo deberán de traer ropa de aseo para ducharse al finalizar las sesiones: toalla, chanclas, gel y ropa interior limpia.

Dado que el centro no puede asumir siempre todos los gastos de material para este curso pediremos a nuestros alumnos que compren para el segundo trimestre una raqueta de bádminton y para las salidas puntuales que realizaremos deberán de traer una mochila, bañador, crema protectora, cubos... dependiendo del tipo de salida que realicemos.

4.3.4. Material de soporte del profesor.
- Ficha de seguimiento individual de cada alumno/a.
- Fichero de juego personal para desarrollar las sesiones.

- Modelo de unidad didáctica.
- Modelo de ficha de las sesiones.
- Modelo de adaptación curricular.

Aparte tenemos el clásico material en nuestro departamento al igual que el resto de nuestros compañeros.
- El Proyecto Educativo de Centro.
- El Proyecto Curricular de Centro.
- Las Unidades Didácticas.
- Informes médicos de nuestros alumnos.

4.3.5. Material impreso.

Lógicamente todo nuestro trabajo seria de muy difícil realización si no disponemos de una amplia bibliografía. En nuestro despacho tendremos diferentes libros que nos van a servir para el desarrollo de nuestras sesiones. En el apartado de bibliografía reseñamos ya dichos ejemplares. No obstante y resumiendo el material que manejamos es el siguiente: libros, revistas como la revistilla, E + F, Cuadernos de Pedagogía, vídeos (citaremos los que van a utilizar en este curso) y un ordenador conectado a internet.

4.3.6. Material complementario.

Aquí recogemos aquellos recursos que, no siendo propios del área de E.F., pueden ser utilizados por la misma en momentos y circunstancias diversas.

- Aula de informática.
- Biblioteca.
- Sala de unos múltiples la cual tiene vídeo y DVD.
- Salón de actos.
- Entrada del centro.

Por último citaremos los recursos de la comunidad de los cuales nos serviremos para desarrollar algunas sesiones como en la playa que hay junto al centro y un bosque próximo con zona verde de merendero que tenemos en el otro extremo del pueblo. No podemos olvidar los CEFORES para nuestra formación y reciclaje.

4.4. RELACIONES DE LA PROGRAMACIÓN CON OTROS NIVELES DEL CURRÍCULUM.

Todo lo referente a objetivos, contenidos, metodología y criterios de evaluación están en consonancia directa con el primer nivel del currículo; es decir, con el decreto 245/1992, del 30 de Julio por el que se establece el currículum de Educación Primaria en la Comunidad Autónoma de Galicia y que aparece publicado en el DOG del viernes 14 de Agosto de 1992.

A continuación veremos cómo dichos elementos los adaptamos al entorno y necesidades de nuestros alumnos/as, pero respetando las directrices generales de nuestro currículum.

Así mismo dicha programación está incluida dentro de la programación anual, referida al tercer ciclo de primaria que se compone de la presente programación y de la referida al 1er nivel de 3er ciclo, pero que por cuestiones de adaptación a la oposición no presentamos y de las diferentes programaciones para los restantes ciclos. Dichas programaciones se incluirán el PCC.

Dichas programaciones van a estar en consonancia con el Proyecto Educativo de Centro: PEC. Este documento lo podríamos definir como el DNI del centro porque a través de él conocemos la filosofía y línea de trabajo de cada centro. Esto es importante tenerlo presente porque no podemos olvidar en ningún momento el nivel socioeconómico del centro a la hora de pedir a la familia la compra del material o a la hora de elaborar los presupuestos para las diferentes salidas.

En lo referente a los aspectos que más se relacionan directamente con nuestra área citaremos los siguientes:

-   El horario de clases es jornada única de 9 a 14 horas. Desde las 16 hasta las 18 horas, el centro oferta, por medio del ayuntamiento y otras subvenciones aportadas por la Diputación, diferentes actividades culturales y deportivas.

Esto va a provocar que nosotros estemos en la comisión de actividades extraescolares ya que, junto con otros compañeros, confeccionamos dichas actividades que luego son realizadas por monitores contratados por el ayuntamiento y en colaboración con el profesorado.

Entre dichas actividades se encuentra una oferta polideportiva amplia, un taller de expresión corporal, un taller de reciclaje para fabricar material para diferentes áreas incluida la nuestra, un taller de recuperación y práctica de juegos populares, aula de bailes...

El centro está inscrito dentro del programa de Deporte Escolar que promueve la Consellería de Deporte.

Así mismo y dado que en la localidad hay dos centros más cada año, se realiza en el 3er trimestre unos encuentros ludicodeportivos de estructura rotatoria, es decir, cada año se encarga uno de los centros de acoger dichos encuentros, aunque su organización la configuramos los diferentes maestros de dichos centros dentro de un seminario que presentamos al CEFORE cada año.

5. LOS OBJETIVOS.

5.1. INTRODUCCIÓN.

Un momento del proceso de la programación consiste en el establecimiento y en la interpretación de los objetivos didácticos que se deben alcanzar a lo largo del proceso de enseñanza-aprendizaje, pero la propia acción genera también nuevos objetivos. Organizar la enseñanza supone siempre tener en cuenta esos objetivos que aparecen en el proceso y preguntarse ¿qué estamos haciendo?. Los objetivos constituyen una guía para la planificación del aprendizaje, pero no solo su eje. La reflexión sobre los objetivos permite preguntarnos sobre lo que hay que enseñar.

Los objetivos, en cierta medida, son siempre expresión de una cierta utopía. Así pues, no identificamos los objetivos con objetivo-resultado del aprendizaje, sino que los conceptualizamos como una guía orientadora (objetivos de capacidades, objetivos tendencias, objetivos expresivos) como principios de procedimiento del proceso didáctico que conduce a la consecución de un resultado singular por parte de cada alumno, de acuerdo con las bases implícitas de cada sujeto, de su estructura mental y de su proceso de aprendizaje. En la programación de aula, los objetivos asumen un nivel referencial que orienta al desenvolvimiento de las diversas capacidades de los alumnos en las tareas o actividades en el aula.

El diseño de los objetivos didácticos pretende adaptarse a la realidad del alumnado, a las bases curriculares y sobre todo, al análisis de los procesos educativos, sin olvidar tampoco los resultados. Esta opción requiere adoptar unos objetivos amplios, orientadores de la acción, que actúa como guía de la actividad sin presionarla.

Su formulación será, por lo tanto, amplia e indicativa, y permitirá que el intento de consecución del objetivo pueda orientarse desde distintos caminos en función de las variables que intervienen en el ambiente exterior e interior del aula. El proceso ganará de esta forma en diversidad y en adaptación a las características de los alumnos.

Los objetivos didácticos que utilizamos en esta programación de aula hacen referencia a las capacidades que se quieren alcanzar (ya sean motrices, cognitivas, de equilibrio personal, de relación interpersonal, de actuación y de integración social) entendiendo la capacidad como la potencialidad que un alumno debe de realizar una tarea o actividad determinada.

Por lo tanto, nuestros objetivos cumplen dos funciones esenciales; uno, la de servir de guía a los contenidos y la otra, la de introducirse didácticamente en cada una de las tareas de aprendizaje. También es cierto que nos pueden aportar información sobre lo propuesto y lo logrado, así como sobre las causas de discrepancia entre éstos, si las hubiere. Esta información tiene como función la revisión de los detalles del proceso, con el fin de introducir los cambios necesarios al alcance de los profesores para su mejora. Pero esta revisión se debe considerar no solo al alumno, sino también al profesorado, al contenido y a las actividades de ahí que uno de nuestros principios de la programación sea la flexibilidad.

Hay que tener en cuenta que el centro de la programación didáctica son las actividades y sobre ellas girarán los objetivos didácticos.

5.2. RELACIÓN DE LA PROGRAMACIÓN CON LOS OBJETIVOS GENERALES DE LA EDUCACIÓN PRIMARIA.

Creemos conveniente resaltar en este apartado aquellos objetivos mediante los cuales la Educación Física ayuda en cierto grado a su consolidación.

a) Comunicarse a través de medios de expresión verbal, corporal, visual, plástica, musical y matemática desenvolviendo el razonamiento lógico, verbal y matemático, así como la sensibilidad estética, la creatividad y la capacidad para gozar de las obras y manifestaciones artísticas.

b) Actuar con autonomía en las actividades habituales y en las relaciones de grupo, desenvolviendo las posibilidades de tomar iniciativas y de establecer relaciones afectivas.

c) Colaboran en la planificación y realización de actividades en grupo, aceptan las normas y reglas que democráticamente se establezcan, respetar los objetivos e intereses propios con los otros miembros del grupo, respetando puntos de vista distintos y asumir las responsabilidades que correspondan.

d) Establecen relaciones equilibradas y constructivas con las personas en situaciones sociales conocidas, comportarse de manera solidaria, reconociendo y valorando críticamente las diferencias de tipo social y rechazando cualquier discriminación basada en diferencias de sexo, clase social, creencias, razas y otras características individuales y sociales.

e) Comprender y establecer relaciones entre hechos y fenómenos del contorno natural y social y contribuir activamente, en lo posible, a la defensa, conservación y mejora del medio ambiente.

f) Conocer el patrimonio cultural, participar en su conservación y mejorar y respetar la diversidad lingüística y cultural como derecho de los pueblos e individuos, desenvolviendo una actitud de interés y respeto cara al ejercicio de este derecho.

g) Conocer y apreciar el propio cuerpo y contribuir a su desenvolvimiento, adoptando hábitos de salud y bienestar y valorando las repercusiones de determinadas conductas sobre la salud y la calidad de vida.

La citada relación de estos objetivos con nuestra área la veremos más adelante en el apartado de las unidades didácticas.

5. 3. OBJETIVOS GENERALES DE ÁREA.

1. Conocer y valorar su cuerpo y la actividad física como medio de exploración y goce de sus posibilidades motrices, de relación con los demás y como recurso para organizar su tiempo libre.

2. Adoptar hábitos de higiene, alimentación, de posturas y de ejercicio físico, manifestando una actitud responsable de cara a su propio cuerpo y de respeto a los demás, relacionando estos hábitos con los efectos sobre la salud.

3. Regular y dosificar su esfuerzo llegando a un nivel de autoestima de acuerdo con sus posibilidades y la naturaleza de la tarea que se realiza, utilizando como criterio fundamental de valoración dicho esfuerzo y no el resultado obtenido.

4. Resolver problemas que exijan el dominio de patrones motrices básicos adecuándose a estímulos perceptivos y seleccionando los movimientos, previa valoración de sus posibilidades.

5. Utilizar sus capacidades físicas básicas y destrezas motrices, y su conocimiento de la estructura y funcionamiento del cuerpo para la actividad física y para adaptar su movimiento a las circunstancias y condiciones de cada situación.

6. Participar en juegos y actividades, estableciendo relaciones equilibradas y constructivas con los demás, evitando la discriminación por características personales, sexuales y sociales, así como los comportamientos agresivos y las actitudes de rivalidad en las actividades competitivas.

7. Conocer y valorar la diversidad de actividades físicas y deportivas y los sitios en los que se desenvuelven, participando en su conservación y mejora.

8. Utilizar los recursos específicos del cuerpo y del movimiento para comunicar sensaciones, ideas y estados de ánimo y comprender mensajes de esta manera.

5.4. OBJETIVOS: TERCER CICLO, SEGUNDO NIVEL.

1a. Concienciarse de la posición corporal, controlando sus partes en diferentes posturas y desplazamientos.

1b. Aceptar la realidad corporal, potenciándola mediante el juego.

1c. Organizar el tiempo libre utilizando las diferentes capacidades motrices

2a. Consolidar los aprendizajes conseguidos referentes a los hábitos de limpieza personal, posturales, alimenticios, de seguridad y de utilización correcta de los espacios.

3a. Buscar el máximo rendimiento de sí mismo en cualquier actividad física, dosificando el esfuerzo, para concienciarse de la posibilidad de obtener resultados positivos.

3b. Reconocer las capacidades motoras propias y las de los compañeros valorando la posibilidad de potenciarlas mediante la actividad física.

4a. Resolver problemas de forma satisfactoria en los que el tiempo en la toma de decisiones se reduzca.

4b. Resolver problemas de estructuración espacio-temporales propiciados por la introducción de elementos más complejos.

5a. Tomar conciencia del tono, relajación, equilibrio estático y dinámico en diferentes situaciones.

5b. Apreciar diferentes trayectorias de móviles en situaciones de juego.

5c. Adaptar sus capacidades físicas básicas y destrezas motrices a medios conocidos y a otros medios no conocidos o semiconocidos.

6a. Participar de forma habitual en cualquier tipo de actividad física, de una manera lúdica, independientemente del resultado.

6b. Conocer diferentes juegos y respetar sus normas.

6c. Conocer las estrategias básicas de los juegos: cooperación, oposición, cooperación-oposición.

6d. No rechazar a ningún compañero en los juegos.

6e. Disfrutar jugando.

6f. Evitar comportamientos agresivos y actitudes de rivalidad desproporcionadas.

6g. Reconocer como elementos propios del juego los hechos de ganar, perder y la cooperación-oposición.

7a. Conocer, practicar y valorar diferentes juegos y deportes adaptados o alternativos.

7b. Ayudar en la organización de las actividades ocupándose de colocar el material necesario, de recogerlo una vez terminadas, respetándolo y cuidándolo.

7c. Participar y ejercitarse en juegos y deportes tradicionales de Galicia, de España y del extranjero.

8a. Imitar movimientos con cierto grado de complejidad a partir de modelos establecidos.

8b. Expresar corporalmente emociones, sentimientos, ideas y sensaciones.

6. LOS CONTENIDOS.

6.1. INTRODUCCIÓN.

CONTENIDOS TERCER CICLO, SEGUNDO NIVEL.

Entendemos por contenido educativo el conjunto de formas culturales y de saberes que forman parte de las relaciones sociales del contexto y que se introducen y permiten organizar las tareas pedagógicas del aula para construir y reconstruir el conocimiento del alumno.

En nuestra programación tendremos que acortar, relacionar y ordenar qué contenidos son los más adecuados en función de unidades de trabajo con sentido y motivadora (centros de interés, unidades didácticas, núcleos de aprendizaje, temas, proyectos...) y que son pilares de conocimientos posteriores.

Un contenido será útil si sirve para que un alumno reconstruya su conocimiento vulgar y desenvuelva las capacidades que pretendemos en un marco determinado, será significativo si incluye los contenidos relativos a la realidad y será adecuado y global si se adapta a la competencia cognitiva de los alumnos y se relaciona con otros intereses. Es, por lo tanto, muy importante analizar los contenidos para seleccionar y organizar los que consideremos más adecuados a las circunstancias específicas del alumnado (conocimientos previos, características psicológicas,...) y al ambiente específico de aprendizaje.

Actualmente, la Reforma Educativa optó por acogerse a la teoría de Merrill (1983) respecto a la estructuración curricular de los contenidos. Esta teoría puede ser un instrumento de referencia y de análisis siempre que no reduzca la labor docente en la transformación y reconstrucción de la cultura. Esto lleva a distinguir en los currículums prescriptivos los tres tipos de contenidos: conceptuales, procedimentales y actitudinales.

6.2. BLOQUE I: EL CUERPO: IMAGEN Y PERCEPCIÓN.

6.2.1 CONCEPTOS:

1a.Control del cuerpo en movimiento en relación con los demás y con los objetos.

2a.Control postural en reposo y en movimiento.

3a. Aspectos funcionales relacionados con el movimiento (tono, relajación, contracción, respiración, esfuerzo,....)

4a. Las posibilidades corporales expresivas (mimo, teatro, acrosport, bailes y danzas)

5a. Nociones asociadas a relaciones espacio-temporales:

- Relaciones espaciales: sentido y dirección, orientación, simetrías, dimensiones en planos y volúmenes.

- Relaciones temporales: orden, duración, secuencia, velocidad, aceleración, ritmo, antes, después,...

- Relaciones topológicas básicas: dentro/fuera, arriba/abajo, delante/detrás.

6.2.2. PROCEDIMIENTOS:

1a. Estructuración del esquema corporal: organización y utilización del cuerpo.

1b. Coordinación dinámica general mediante:

- Desplazamientos combinados (marcha, carrera, saltos en un entorno cambiante)

- Trepa y suspensiones variando las dificultades (número de apoyos, altura, obstáculos, tiempo)

- Giros: combinaciones en contacto con el suelo, sobre los tres ejes.

2a. Consolidación de la lateralidad.

3a. Ejercitarse con movimientos de carácter segmentario en situación estática y dinámica y con manejo de objetos con los dos segmentos.

4a. Estructuración espacial en situaciones de percepción o decisión o ejecuciones complejas.

5a. Adaptación de los movimientos corporales a estructuras rítmicas sencillas, interiorizando las cadenas musicales.

5b. Adaptación a ritmos cambiantes.

6a. Percepción y estructuración del espacio en relación con el tiempo (aceleración, velocidad, trayectoria, interceptación...), en situaciones reales de juego.

6b. Apreciación de las distancias en situaciones de juegos y en juegos de iniciación deportiva.

7a. Control del equilibrio estático y dinámico.

8a. Control de la respiración en distintas situaciones.

8b. Relajación activa voluntaria.

6.2.3. ACTITUDES:

1a. Valoración y aceptación de la propia realidad corporal y de sus limitaciones.

2a. Actitudes de respeto y responsabilidad de cara al propio cuerpo y a la mejora de su desenvolvimiento.

3a. Seguridad, confianza en sí mismo y autonomía personal (sentimientos de autoestima, autoeficacia y expectativas reales de éxito)

6.3. BLOQUE II: EL CUERPO: HABILIDADES Y DESTREZAS.
6.3.1. CONCEPTOS TERCER CICLO:

1a. Esquemas básicos adaptados de movimiento: habilidades básicas como movimientos organizados.

2a. Cualidades, formas y posibilidades de movimiento.

3a. Las capacidades físicas básicas como condicionante de las habilidades.

4a. Aptitud y habilidad.

6.3.2. PROCEDIMIENTOS TERCER CICLO:

1a. Coordinación óculo-motriz mediante lanzamientos y recepciones con distintos grados de dificultad.

1b. Coordinación de movimientos de salto de longitud y altura.

2a. Adquisición de control y dominio motor en situación dinámica general y en otros medios como agua y hielo y con otros materiales (bicis, patinete,...)

3a. Control y dominio motriz y corporal desde una estrategia previa a la acción (razonamiento motriz)

4a. Realización de actividades de carácter aeróbico.

4b. Experimentación y utilización de las habilidades básicas en entornos cambiantes.

5a. Equilibrios en planos elevados.

5b. Ejecución de equilibrios invertidos.

6a. Manejo de objetos e instrumentos habituales.

7a. Lanzamientos y recepciones en distintas circunstancias y con diferentes implementos.

8a. Orientación en el medio natural utilizando brújula, plano.

8b. Experimentación de habilidades motrices básicas en diferentes medios (agua, nieve, hielo)

9a. Acondicionamiento físico general: selección de juegos y actividades para potenciar la agilidad, la flexibilidad, la fuerza y la resistencia aeróbica y velocidad de reacción.

6.3.3. ACTITUDES:

1a. Interés por aumentar la competencia y la habilidad motriz.

2a. Valoración del trabajo bien ejecutado desde el punto de vista motriz.

3a. Autonomía y confianza en las propias habilidades motrices ante diversas situaciones.

4a. Actitud favorable a la autosuperación y autoexigencia sobre la base de la aceptación de las propias posibilidades y limitaciones.

5a. Disposición favorable a tomar parte en actividades diversas aceptando la existencia de diferencias en el nivel de destreza.

6.4. BLOQUE III: EL CUERPO: EXPRESIÓN Y COMUNICACIÓN.
6.4.1. CONCEPTOS TERCER CICLO:

1a. Diferentes posibilidades de expresión: mímica, danza.

2a. Estructuras rítmicas: compases binario, ternario y cuaternario.

3a. Las cualidades del movimiento: tiempo, intensidad,...

4a. Relación entre el lenguaje corporal y otras formas de lenguaje.

5a. La danza como forma de movimiento.

6.4.2. PROCEDIMIENTOS TERCER CICLO:

1a. Exploración y experimentación de las posibilidades y recursos expresivos a través del propio cuerpo, la danza, la mímica y la dramatización.

2a. Representación en grupo de vivencias corporales.

2b. Utilización mímica-dramatización como formas de expresión.

3a. Realización de estructuras rítmicas, reproduciendo secuencias y ritmos y adecuando los movimientos.

4a. Práctica de danzas populares, bailes y coreografías sencillas.

5a. Elaboración de respuestas corporales y propuestas de diferentes situaciones.

6.4.3. ACTITUDES:

1a. Reconocimiento y valoración de los recursos expresivos y comunicativos del cuerpo.

2a. Valoración del movimiento de los otros, analizando los recursos expresivos empleados, su intencionalidad.

3a. Interés por mejorar la calidad del propio movimiento.

4a. Participación en situaciones que suponen comunicación con otros, utilizando recursos motores y corporales.

5a. Desinhibición y espontaneidad.

6.5. BLOQUE IV: SALUD CORPORAL.

6.5.1. CONCEPTOS TERCER CICLO:

1a. Rutinas relacionadas con la actividad física: calentamiento, relajación y respiración y aseo personal.

1b. Cambios fisiológicos.

2a. Control postural (consolidación)

2b. Control del esfuerzo.

3a. Medidas de seguridad y prevención de accidentes en la práctica de actividad física y en la utilización de materiales y espacios.

6.5.2. PROCEDIMIENTOS TERCER CICLO:

1a. Práctica normalizada de calentamiento y vuelta a la calma como adecuación corporal.

1b. Dosificación del esfuerzo a partir de descansos activos.

2a. Consolidación y afianzamiento de hábitos higiénicos y posturales.

3a. Utilización correcta de los espacios y los materiales respetando las medidas de seguridad.

4a. Consolidación de las pautas de comportamiento deportivo.

6.5.3. ACTITUDES:

1a. Interés por el cuidado del cuerpo.

2a. Autonomía ligada a los aspectos básicos del movimiento.

3a. Aceptación de los propios límites y restricción de los deseos cuando impliquen un riesgo sobre las posibilidades o un peligro para la salud.

4a. Valoración de la importancia de un desenvolvimiento físico y psíquico equilibrado y de la salud.

6.6. BLOQUE V: LOS JUEGOS.

6.6.1. CONCEPTOS TERCER CICLO:

1a. Tipos de juegos y de actividades deportivas: juegos reglados, gestuales, motores, predeportivos y de desenvolvimiento anatómico.

2a. Reglas y aplicación de éstas a los juegos organizados.

3a. Juegos populares tradicionales de ámbito gallego, español, y del extranjero.

6.6.2. PROCEDIMIENTOS TERCER CICLO:

1a. Utilización de reglas para la organización de situaciones colectivas de juego.

2a. Utilización de las estrategias básicas del juego y búsqueda de las propias.

3a. Práctica de juegos motores, predeportivos y desenvolvimiento anatómico en el que se utilicen las habilidades básicas.

4a. Práctica de deportes adaptados a Primaria.

5a. Recopilación de información sobre juegos populares y tradicionales de ámbito gallego, español y extranjero y práctica de los mismos.

6a. Realización de juegos de orientación con plano y brújula.

6.6.3. ACTITUDES:

1a. Valoración de la función de integración social que tiene la práctica de las actividades de carácter deportivo-recreativas.

2a. Actitud de participación e integración en las actividades colectivas con independencia del nivel de destreza alcanzado por uno mismo o por los otros.

3a. Actitud de respeto a las normas y reglas de juego.

4a. Aceptación, dentro de una organización en equipo, del papel que corresponde desempeñar como jugador.

5a. Valoración de las posibilidades como equipo y de la participación de cada uno de sus miembros con independencia del resultado obtenido.

6a. Actitud, autoexigencia y superación de los límites de su cuerpo y valoración de los mismos en la elección de las actividades para el empleo del tiempo libre y de ocio.

7a. Aceptación del reto que supone competir con otros, sin que esto comporte actitudes de rivalidad, entendiendo por oposición como una estrategia de juego y no como una actitud frente a los demás.

7. EDUCACIÓN EN VALORES.

Además de los Contenidos que nos aparecen establecidos en los Currículos oficiales de cada CC.AA. debemos incluir la educación en valores, que son aquellos contenidos de carácter integral y social, que establecen una educación más en valores, la cual va implícita dentro de nuestros contenidos a lo largo de las distintas U.D.

Los valores son un conjunto de contenidos que hacen alusión a problemáticas relacionadas con las dimensiones de carácter humano, social, de la salud y del medio ambiente, y que se consideran, no siendo propias de una disciplina en particular, como dimensiones educativas que no deben tratarse a paralelo, a parte de las áreas, sino que son temáticas comunes inmersas en ellas.

No deben servir sólo para preparar y capacitar a los alumnos en el dominio de ciertas habilidades cognitivas y técnicas instrumentales, sino también a ciudadanos críticos y comprometidos con su realidad social y cultural, esto es, como miembros activos y responsables de su sociedad, su cultura y su mundo.

Existen variedad de Temas Transversales que deberían incluirse en nuestra P.D.A. lo largo de las U.D. trabajaremos estos Temas Transversales que consideramos fundamentales (basándonos en los que establece nuestro Decreto de currículo):

- Educación Cívica.
- Educación Ambiental.
- Educación Sexual.
- Educación Vial.

- Educación Moral.
- Educación para la prevención de Drogas.
- Educación para la Paz.
- Educación para la Igualdad de Sexos.
- Educación para la Salud.
- Educación para la Interculturalidad.
- Educación para la Tolerancia.

A continuación ponemos algunos de ejemplos de cómo abordarlos, aunque lo veremos mejor en las Unidades Didácticas.

❑ EDUCACIÓN PARA LA PAZ: Se promoverá el respeto por los demás a través de actividades cooperativas formadas por grupos homogéneos donde todos acepten las diferencias individuales y donde aprendan a resolver conflictos así como favorecer el conocimiento mutuo.

❑ EDUCACIÓN PARA LA SALUD: A través de los ejercicios y actividades desarrolladas en las distintas U.D., dinamizaremos el bienestar personal que indirectamente potencia el espiritual. Conocer distintas enfermedades de ámbito mundial, su origen y estudios, así como familiarizar al alumno con personajes célebres de la medicina americana o inglesa.

❑ EDUCACIÓN INTERCULTURAL: Explicar cómo la comunicación y los idiomas han propiciado el conocimiento de las distintas sociedades así como llegar a tolerar y respetar la diversidad cultural, convirtiéndose hoy en día como algo enriquecedor que contribuye al desarrollo armónico del individuo.

- EDUCACIÓN PARA VIAL: Familiarizar al alumno con distintas señales de tráfico con palabras en inglés, conocer las normas de circulación en distintos países, sus semejanzas y diferencias, las distintas señales que significan lo mismo,...

- ....

8. SECUENCIACIÓN Y TEMPORALIZACIÓN DE LAS UNIDADES DIDÁCTICAS.

Basándose en un calendario escolar de cualquier curso académico la secuenciación de las Unidades Didácticas será la siguiente:

1) "La vuelta al cole" Se trabajarán habilidades motrices básicas y específicas realizando una evaluación inicial donde se analiza su nivel motriz después de las vacaciones (conocimiento del punto de partida)

2) "De la supervivencia al juego" Se realiza un repaso de la evolución de la Educación Física a lo largo de su historia y nos servirá como hilo conductor en nuestra secuenciación de Unidades Didácticas. En esta se potencian las habilidades anteriores

3) "El hombre primitivo. Adaptación al mundo" Sesiones en las que se trabaja la estructuración y orientación espacio-temporal; fundamentalmente a través de movimientos básicos e introduciendo elementos novedosos (brújula, plano...)

4) "El gran circo" Compuesta por sesiones basadas en los grandes espectáculos circenses de la época romana; se trabajan las habilidades perceptivo motrices de base; es decir, la coordinación y equilibrio.

5) "Mi cuerpo es un diccionario" Basada en la Gimnasia Moderna y el valor expresivo que otorga al cuerpo y movimiento estará compuesta por actividades donde se trabaja la expresión corporal y se prepara una actuación con vistas a ser representada en el final del primer trimestre (vacaciones de Navidad)

6) "La escuela deportivizada" Se conciencia a los alumnos del nacimiento del Deporte Moderno en la Inglaterra Industrial y las dificultades que surgieron antes de su nacimiento. Se trabaja el bádminton (deporte poco practicado a nivel popular que ofrece grandes posibilidades motrices)

7) "Aprendemos divirtiéndonos" En esta Unidad se hace referencia a la implantación del juego en el sistema educativo como herramienta metodológica. Se produce una revisión y perfeccionamiento de las habilidades y capacidades trabajadas hasta ese momento Su desarrollo coincide con la celebración del Día de la Paz (30 Enero)

8) "Deportes alternativos. La indiaka" Constituida por sesiones en las que se trabaja con un material novedoso haciendo especial hincapié en el desarrollo de la cooperación y coeducación a la vez que se potencian las habilidades específicas.

9) "Deportes alternativos. El béisbol" Compuesta por seis sesiones; igual que la anterior, es un deporte novedoso donde se desarrollan aspectos educativos como cooperación y contenidos motrices como el perfeccionamiento de determinadas habilidades específicas. Durante su transcurso se conmemora el Día Internacional de la Mujer (8 marzo)

10) "Creamos nuestros propios materiales" Unidad en la que se trabaja con material alternativo; en gran medida creado por los propios alumnos en colaboración con el área de Expresión Plástica coincidiendo su desarrollo con la celebración de los Derechos del Consumidor (15 marzo)

11) "Las olimpiadas cooperativas" Se realizará un breve repaso a la historia de las olimpiadas adaptando sus pruebas a la realidad escolar y promoviendo una educación de la competición donde priman los valores cooperativos.

12) ¿A qué jugaban nuestros antepasados?" Unidad formada por sesiones donde se desarrollan juegos populares y tradicionales (aprovechando la gran riqueza y posibilidades de los mismos y fomentando la curiosidad y comunicación familiar sobre un pasado reciente) Propondremos su desarrollo coincidiendo con la Semana de las Letras Gallegas

13) "La cibereducación Física" La escuela prepara al alumno para integrarse en la sociedad y es innegable la importancia de las nuevas tecnologías en la misma. Aprovechando el aula de informática buscarán y recopilarán información y actividades que se trabajaran luego en clase (4 sesiones)

14) "Adiós a la contaminación, el ruido y la polución" Se trabajarán actividades en el medio natural fomentando actitudes de respeto y conservación del Medio Ambiente en cinco sesiones cuyo desarrollo coincidirá con la celebración del Día Mundial del Medio (4 Junio)

15) "Llegan las vacaciones" Última Unidad compuesta por sesiones donde se realiza un breve repaso de lo trabajado a lo largo del curso escolar, sirviéndonos para evaluar la acción educativa y promoviendo una autoevaluación por parte del alumnado.

9. METODOLOGÍA.

La metodología a emplear para esta Programación seguirá la línea marcada por nuestro DCB: "La perspectiva globalizadora con que han de estructurarse los contenidos no debe prescribir métodos concretos...".

En el área de E.F. existen diversos métodos los cuales se pueden sintetizar de la siguiente manera:

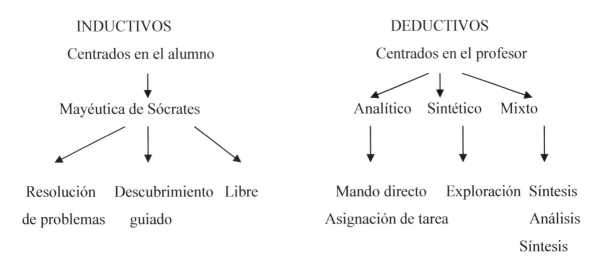

Consideramos en sí mismos tanto unos como otros no son mejores o peores, sino que dependen de cómo, cuándo, para qué y para quién son utilizados. Ante esta reflexión seguiremos la línea marcada por Muska Mosston "La enseñanza de la Educación Física"; la nos recomienda, al igual que el DCB, no utiliza un método concreto sino que la buena labor metodológica estará en que el docente sea capaz de compaginar los diferentes estilos de enseñanza, eso sí, evitando caer en repeticiones y mecanismos, intentando transmitir un aprendizaje significativo.

Así mismo el método de trabajo, independientemente del estilo que empleemos, debe de basarse en los siguientes criterios:

ACTIVO: El alumno y la alumna son los protagonistas de su propia acción. El principio de actividad estará presente en todas las sesiones evitando tiempos de espera. Mediante propuestas activas haremos que los alumnos/as se sientan protagonistas de su propia conducta motriz.

FLEXIBLE: Permitiendo ajustar las propuestas al ritmo de cada alumno y alumna. No se basa en propuestas de trabajo que fijen una meta o un marco igual para todos. Las propuestas deben conocer la realidad de la que parte cada alumno/a y permitir que sea desarrollado en función de sus posibilidades.

PARTICIPATIVO: Favorecerá el trabajo en equipo fomentando el compañerismo y la cooperación. Esta idea nos va a ser muy útil ya que nos va a permitir evitar la competitividad. La competición debe entenderse como la superación de una dificultad y como una forma lúdica de relación con otros y otras, no como unos rivales a quienes ganar. Solo si se entiende así, la competición estará desarrollando la socialización a través del juego y la práctica deportiva.

INDUCTIVO: Debe de favorecer el autoaprendizaje, de manera que sea capaz de resolver planteamientos motrices, organizar su propio trabajo, constatar y comprobar en sí mismo la mejora, tanto en sus actitudes como en sus habilidades y destrezas.

INTEGRADO: La Educación Física es un desarrollo de las capacidades de cada niño, en función de sus posibilidades. Debe hacerse un planteamiento cualitativo, armónico de todas sus capacidades y no cuantitativo. Las diferencias en cuanto a sexo o cualquier condición inherente al individuo no pueden ser criterios para la agrupación o asignación de tareas.

LÚDICO: El juego ocupa la mayor parte de la actividad del niño y de la niña en esta edad. Si nuestro primordial objetivo es crear hábitos estables, el educando debe divertirse en la clase de Educación Física, por lo que la propuesta debe presentarse, en la medida de lo posible, en forma de juegos en los que todos y todas participan de manera espontánea.

CREATIVO: Debemos hacer propuestas que estimulen la creatividad a los alumnos y a las alumnas, huir de modelos fijos, estereotipados o repetitivos.

10. EVALUACIÓN.

10.1. INTRODUCCIÓN.

Antes de citar los criterios de evaluación para esta programación creemos conveniente hacer una serie de reflexiones.

La evaluación ha sido uno de los elementos del currículo que más ha evolucionado en las últimas décadas y más en el ámbito de la Educación Física. La evaluación ha de entenderse aquí como un instrumento de investigación del profesorado que, a través de la identificación, recogida y tratamiento de datos, nos permite comprobar las hipótesis de acción con el fin de confirmarlas o de introducir modificaciones en ellas. La evaluación debe de proporcionar criterios de seguimiento de todo el proceso de enseñanza-aprendizaje, es decir, de su funcionamiento y de sus resultados.

La evaluación no es un sistema de clasificación de los alumnos que sitúa a unos más arriba en la escala de éxito que los otros. La evaluación no es una finalidad, es un medio. Nos va a servir para mejorar nuestra intervención pedagógica en las actividades controlando todos los elementos que intervienen en la programación para adecuarla cada vez más a los alumnos y comprobar si nuestras intervenciones pedagógicas fueron útiles o no. La evaluación debe entenderse como una exigencia interna de perfeccionamiento de todo el proceso de programación de las tareas. En este sentido, la evaluación, por una parte, consiste en la valoración cualitativa de las propuestas, de los objetivos, de la metodología y de los resultados de aprendizaje, y, por otra, supone la implicación de las personas y grupos que intervienen en este proceso. No evaluamos únicamente el progreso de los alumnos, sino también la validez de todo el proceso educativo. (Ver DOG 14/09/92 pág. 6611).

10.2. EL MODELO DE EVALUACIÓN.

Para hacer un análisis correcto de nuestro proceso evaluativo nos tendremos que formular estas tres preguntas:

¿Qué evaluar?.

¿Cómo evaluar?.

¿Cuándo evaluar?.

10.2.1. ¿Qué evaluar?. Los criterios de evaluación.

Nuestro currículo hace explícitas y determina las capacidades que nuestros alumnos habrán desarrollado al finalizar la Educación Primaria. Dichos criterios, al igual que los objetivos y los contenidos, son prescritivos para todos los centros educativos con el fin de garantizar al alumnado unos aprendizajes homogéneos. Cada centro los deberá de adaptar a sus circunstancias concretas para formularlas en su Proyecto Curricular. Así mismo, se deberán de elaborar unos criterios de evaluación por ciclo que estarán en total victoria con los objetivos y contenidos propuestos.

Ya por último, y siguiendo con esta línea de relación, elaboraremos los criterios de evaluación por nivel que son los que a continuación detallamos para este curso.

Criterios de evaluación para el 3er Ciclo.

1a. Ajustar los movimientos corporales a las diferentes situaciones espaciales y temporales.

1b. Tiene conciencia de su postura en cualquier situación, manteniendo un control postural en equilibrio dinámico.

2a. Reproduce por imitación o creatividad diferentes movimientos relacionados con la expresión corporal: bailes, mimo...

3.4.5. Soluciona problemas motrices en los que intervienen las variables de tiempo y espacio, utilizando las habilidades motrices básicas.

6.7. Lanza, recepciona, golpea y bota móviles en diferentes posiciones (estáticas o en movimiento) y coordinando sus movimientos.

8. Bota diferentes balones en movimiento empleando las dos manos alternativamente.

10. Utiliza la mímica, danzas, dramatización para expresarse.

11. Regula el esfuerzo.

12. Relaciona los beneficios de la actividad física con la salud.

13. Participa y colabora con sus compañeros/as.

14. Respeta las normas de los juegos.

* Utiliza y cuida de manera apropiada el material y el espacio.

* Se concentra en la realización de las tareas.

Queremos incidir que estos dos últimos criterios guardan una relación directa con todos los criterios, contenidos y objetivos de nuestro D.C.B.

10.2.2. ¿Cómo evaluar? Los instrumentos de evaluación.

La evaluación debe recoger el máximo de información objetiva y subjetiva, a ser posible contrastada, sobre el proceso de enseñanza aprendizaje. Dicha información será aprovechada tanto por el profesor como por los alumnos y ha de cumplir una serie de funciones.

Función de diagnóstico: para tener claro el punto de partida al iniciar una U.D.

Función de conocimiento del rendimiento: No puede servir tanto a nosotros como al alumno si se realiza una autoevaluación.

Función motivadora: No solo la evaluación sirve para informar, también fomentar el seguir progresando.

Función crítica: Nos va a servir para valorar la eficacia del sistema de enseñanza.

Los instrumentos que tenemos para evaluar pueden ser tanto cuantitativos, que se asocia a la objetividad, como los cualitativos, que se asocia a la subjetividad. A lo largo del curso emplearemos una evaluación mixta con el fin de abarcar toda la atención a la diversidad que surja en nuestro grupo y así poner al alcance de todos los alumnos la consecución de los objetivos y contenidos.

Principalmente emplearemos una línea de evaluación basada en la observación tanto directa como indirecta.

Entre los procedimientos de observación directa es necesario destacar el registro anecdótico que consiste en la breve descripción de comportamientos importantes para el proceso de enseñanza-aprendizaje.

En lo referente a los procedimientos de observación indirecta emplearemos listas de control (frases que expresan conductas positivas y negativas que exigen únicamente un sencillo juicio "si-no") y escalas (donde aparte de este juicio se valora la ejecución de las mismas). La más utilizada será la escala gráfica.

Además y puntualmente, pero nunca de manera continuada en algunas Unidades Didácticas la podremos realizar a nuestros alumnos algún procedimiento de evaluación cuantitativo como puede ser un test o pruebas concretas de ejecución de alguna habilidad.

10.2.3. ¿Cuándo evaluar?: La evaluación continua.

Para responder a esta cuestión debemos de tener presente nuestro DCB, el cual nos recomienda que la evaluación será global, continua y formativa (DOG 14/09/92 pág. 6610).

Es global porque se va a trabaja la totalidad de la persona como ya se refleja en los objetivos y contenidos principalmente en las actitudes y la configura todos los grupos de profesores que imparten clase al alumno.

Es continua porque la evaluación surge de la consideración de la educación como un proceso de perfeccionamiento y optimización. En él se parte de una situación inicial y se pretende conseguir cambios permanentes y eficaces en la conducta de los educandos. Dentro de ese proceso continuo, la evaluación debe realizarse en tres momentos claves del proceso de enseñanza y aprendizaje: antes, durante y al final del mismo, o lo que es igual, evaluación inicial, evaluación progresiva o formativa y evaluación final o sumativa.

Evaluación inicial. Permite una planificación sobre bases conocidas, es decir, teniendo en cuenta las capacidades, estado físico, conocimiento y experiencias anteriores del alumno. Los datos de esa evaluación inicial son imprescindibles para determinar objetivos, adecuar la programación y esbozar las líneas metodológicas que se van a seguir. En este sentido es importante, y sobre todo, sino conocemos a nuestros alumnos, que realicemos unas pruebas iniciales con el fin de conocer su grado de motricidad.

Evaluación progresiva o formativa.

El camino desde la evaluación inicial hasta la evaluación final debe de estar regulado por la evaluación formativa. Este tipo de evaluación nos va a servir para obtener información relativa a como ser desarrolla el propio proceso de enseñanza y aprendizaje, orientando posibles tomas de decisiones en cuanto a la continuidad de lo programado o la necesidad de efectivos cambios. Además, la evaluación formativa sirve para informar al alumno sobre su aprendizaje y las sucesivas fases por las que va pasando.

Evaluación final o sumativa.

Es una síntesis de los resultados de la evaluación progresiva, teniendo en cuenta la evaluación inicial y los objetivos previstos; sea estos los didácticos de cada unidad en última instancia los objetivos generales de área.

La realizaremos al final de una unidad de enseñanza aprendizaje (al finalizar las Unidades Didácticas, al finalizar el curso, el ciclo y la etapa).

11. ATENCIÓN A LOS ALUMNOS CON N.E.A.E.

Nuestro S.E. se basa en el principio de Normalización que establece que todos los alumnos, tengan la dificultad o necesidad que sea, serán atendidos a través de las medidas más ordinarias posibles y solamente en caso necesario se emplearían medidas extraordinarias para subsanar las extremas necesidades educativas. Es decir, debemos atender a los alumnos en contextos "normalizadores", siempre que sea posible.

La Ley de Calidad nos establece en su art. 1, que recoge los principios educativos, que se va a proporcionar igualdad de oportunidades y condiciones para TODOS a través de la dotación de recursos y distintas medidas para atender a la diversidad de alumnos.

Nuestra P.A. va a incluir a todos los alumnos con Necesidades Específicas de Apoyo Educativo, este concepto se introduce por primera vez con la Ley de Calidad, el cual incluye como alumnos con N.E.E.: a los alumnos con altas capacidades intelectuales, de integración tardía en el sistema educativo español y alumnos con n.e.e. asociadas a déficits.

Para atender a estos alumnos, tenemos que adaptar nuestra Enseñanza como docentes al Aprendizaje de todos y cada uno de los alumnos. Es decir, el maestro debe incluir a todos los alumnos dentro de la actividad ordinaria del grupo pero a la vez debe prestar (indirecta o directamente) una atención más individualizada a aquellos alumnos que lo necesiten. Es decir, a lo largo de las distintas U.D. se atenderá a la diversidad proponiendo actividades no discriminatorias, métodos de carácter compensador, instrumentos de evaluación flexibles o Temas Transversales que incluyan la pluralidad de alumnado.

Por otro lado, si las medidas más generales no fueran suficientes para subsanar las necesidades educativas, podremos contar con las distintas MAD que regula nuestro S.E. para atender a los alumnos con N.E.E. Veamos:

Atención a los alumnos Extranjeros: A nivel legal (O. 20 febrero 2004).

La inmigración es una característica de nuestros centros con lo cual a través de nuestra área también debemos favorecer la integración de estos alumnos, ya que muchas veces por desconocimiento total de la lengua o por desfase curricular se encuentran bastante perdidos. Para la atención de este alumnado ya se ha regulado legalmente y nuestras P.D. deben incluir acciones de acogida para que el alumnado procedente de otros países se adapte a nuestra cultura y sociedad, siempre partiendo del principio de "no discriminación" y tolerancia.

Además también se ha establecido que los agrupamientos que se desarrollen en las Aulas de Apoyo (Agrupamiento de Adquisición de las Lenguas y Agrupamiento de Adaptación de la Competencia Curricular) no podrán desarrollarse nunca en el área de E.F. En esta área los alumnos extranjeros deberán ser atendidos en la misma para favorecer su interacción social y evitar su marginación. El profesor de E.F. tiene una gran tarea en este sentido.

El hecho de que podamos tener alumnos que no hablen nuestra lengua no va a ser un impedimento ya que el deporte y el mundo de la Educación Física es universal. Estos alumnos, a lo mejor en un principio, tiene que actuar por imitación pero rápidamente se adaptarán porque no podemos olvidar la facilidad que tienen para adquirir un idioma.

Alumnos superdotados. A nivel legal: (O. 28 de octubre de 1996).

Los alumnos superdotados intelectualmente no necesariamente necesitan una atención directa en el área de E.F. porque se suelen adaptar al ritmo de aprendizaje de los demás alumnos. Pero puede darse el caso en que algunos alumnos superdotados manifiesten un rendimiento muy excepcional a nivel deportivo, con lo cual debemos atender esa necesidad de la misma manera que también atendemos a los alumnos que manifiestan algunas carencias. Para atenderlos seguiremos las pautas que nos marca la Consellería de Educación y Ordenación Educativa:

-   Enseñanza adaptada con un enfoque multidisciplinar y dinámico.
-   Implicación activa en el proceso de E-A y valoración de sus participaciones.
-   Clima social donde se sientan aceptados.

Y por supuesto, como medida ordinaria: Refuerzo Educativo, donde podríamos proporcionarle recursos y materiales adicionales, actividades complementarias u otro elemento no prescriptivo del currículum que el alumno necesite.

Si se considerase oportuno también cabría la posibilidad de llevar a cabo una Adaptación Curricular (sólo en casos excepcionales):

-   A.C.I. de Ampliación (Vertical): Incluye más Objetivos, más Contenidos y por lo tanto más Criterios de Evaluación.

- A.C.I. de Enriquecimiento (Horizontal): Profundiza en los contenidos pero no lo amplía, lo que modifica son los Criterios de Evaluación (se le exige un mayor nivel con respecto a sus compañeros).

Alumnos con n.e.e. (déficits): Dependiendo del tipo de necesidad y con el asesoramiento del Departamento de Orientación del centro, podremos establecer distintas MAD para atender a las distintas necesidades educativas. Como Medidas existen: A nivel legal: (Orden del 20 de febrero de 2004).

- R.E. que modifica sólo elementos no prescriptivos del currículum para adaptarnos a las demandas del alumno.
- ACI (MAD extraordinaria) la cual modifica los elementos prescriptivos del currículum además de tener que solicitar su autorización a Inspección Educativa. En este caso sería muy importante intentar no modificar los Objetivos ya que así podrá al final de curso conseguir los Objetivos Generales del Ciclo y poder promocionar. Sería más conveniente, con los alumnos que vayan a ser objeto de una ACI, modificar sólo Criterios de Evaluación y Contenidos.
- ....

También es necesario que esta asignatura se desarrolle en un clima de confianza donde TODOS y TODAS participen en las actividades sin ser y sentirse excluidos por su sexo, raza, nivel socio-económico-cultural, creencias, capacidades o cualquier otra condición.

A nivel general conviene recordar el proceso que tendremos que según en el caso de encontrarnos con algún alumno de este tipo.

Notificación tanto por nuestra parte como de los profesores que lo detecten al tutor del alumno.

Solicitud al equipo de orientación del centro para diagnosticar al alumno donde se valorará qué tipo de apoyo necesita (R.E. o A.C.I.) y en qué áreas se desarrollará dicho apoyo.

12. BIBLIOGRAFÍA.

- Decreto 245/1992, del 30 de Julio, por lo que se establece el currículum de Educación Primaria en la Comunidad Autónoma de Galicia.

- Decreto 320/96 del 26 de Junio. Ordenación Educativa de alumnos y alumnas con Necesidades Educativas Especiales

- Decreto 1547/2003 del 5 de Diciembre. Requisitos mínimos de los Centros que imparten Enseñanzas Escolares de Régimen General

- M.E.C.: "Área de Educación física".

- Xunta de Galicia: "Instrumentos de planificación e xestión".

- Muska Mosston: "La enseñanza de la Educación Física".

- Sánchez Bañuelos: "Bases para una didáctica de la Educación Física y el Deporte".

- Blázquez, D.: "Evaluar en Educación Física"

- Díaz, J.: "La evaluación de la Educación Física en el tercer nivel de concreción de la Reforma Educativa.

- Orden del 20 de Noviembre de 2007 donde se regula el proceso de Evaluación del alumnado perteneciente a Educación Primaria

- Generalitat de Catalunya (1989).. "Adequacions curriculars individulitzades (ACI)

-Orden del 6 de octubre de 1995 donde se regulan las Adaptaciones del Currículum de las Enseñanzas de Régimen General

- Orden del 28 de octubre de 1996 donde se regulan las Condiciones y Procedimientos para Flexibilizar la Duración del Período Escolar Obligatorio de Alumnos con Necesidades Educativas Especiales asociadas a condiciones personales de sobredotación intelectual.

- Orden del 20 de febrero del 2004 que establece la Línea de Atención Específica al alumnado procedente del extranjero.

Printed in Great Britain
by Amazon